Paris, ce 24 Thermidor, an second de la
République Française.

MARC-ANTOINE JULLIEN;

Aux Représentans du Peuple composant le Comité de Salut Public.

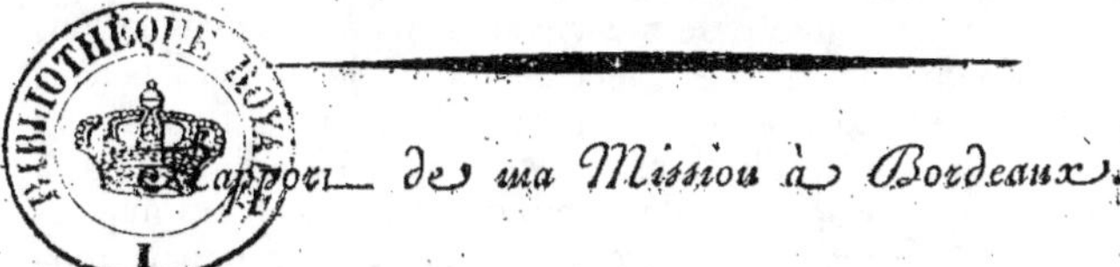

CITOYENS REPRÉSENTANS;

Chargé par vous d'une mission à Bordeaux, je dois, après vous avoir fait connaître en détail mes différentes opérations par ma correspondance, vous offrir un rapport général de ma conduite, et vous exposer avec franchise les motifs qui m'ont conduit à certaines démarches que vous avez paru croire coupables.

J'ai dix-neuf ans. Depuis cinq ans je me suis donné tout entier à la liberté; et si ma vie n'est peut-être pas exempte d'erreurs, mon ame est du moins libre de remords et ma conscience tranquille. Vous serez justes; la prévention n'aura point accès auprès de vous; toutes mes actions seront pesées

A

d'une main impartiale, et votre estime et celle des patriotes seront la récompense de mes travaux.

Je partis de Paris le 30 Floréal, ne devant alors rester que peu de jours à Bordeaux, et seulement pour y attendre l'arrivée de votre collègue Garnier de Saintes. J'étais chargé de renouveler le comité de surveillance de cette commune, et de prendre des renseignemens sur la commission militaire. Mon premier soin fut de m'entourer de patriotes, et il n'était pas aisé de les distinguer dans la tourbe des intrigans qui, par-tout, et principalement à Bordeaux, se pressent autour du premier venu qu'ils voient revêtu de pouvoir. Je me voyais assiégé de dénonciations qui se confondaient les unes avec les autres; je me perdais dans un dédale de passions et d'intrigues; j'observais des partis, et j'appercevais des contradictions et des rapprochemens entr'eux; je n'avais pour partage que de pénibles soupçons et des inquiétudes cruelles. Je marchais entre deux écueils et craignais toujours, en voulant faire le bien, de servir des intérêts particuliers ou des haines personnelles. Cependant l'amour de la patrie me soutenait seul, éclairait ma jeunesse et suppléait à mon peu d'expérience. Je ne me rebutai point : je voulus suivre l'homme jusque dans les détails de sa vie particulière, savoir s'il était bon fils, bon époux, bon père; s'il avait des mœurs; quelle avait été sa conduite dans les différentes crises révolutionnaires, ses liaisons, sa profession, sa fortune avant et depuis 1789. Je crus enfin avoir trouvé quelques citoyens probes et vertueux; je crus qu'ils pourraient démasquer les intrigans et les hommes à argent qui infectoient Bordeaux, qui avaient voulu que la justice et la liberté fussent vénales, qui avaient fait un commerce de l'exécution ou de la violation des lois. Ce ne fut que le 15 Prairial au soir que j'installai le nouveau comité de surveillance et que je vous envoyai la liste des membres qui le composaient. Cette opération préparée avec un soin attentif, sévère et presque minutieux, a eu la sanction de tous les patriotes Bordelais, et celle de votre collègue Garnier, qui a suivi les travaux du comité. L'activité infatigable de ce comité a découvert beaucoup

3

de prêtres cachés qui nourrissaient le fanatisme, et de chefs de la conspiration fédérative qui, mis hors de la loi, jouissaient dans d'impénétrables asyles d'une longue impunité.

J'avais vu et étudié plus de cinq cent personnages, intrigans, modérés, aristocrates, patriotes, immoraux, vertueux, républicains, pour trouver neuf citoyens irreprochables et j'avais formé par-devers moi huit comités de surveillance pour en extraire le nombre des membres propres à former un comité dont je fusse pleinement satisfait. Comme l'ensemble des opérations pouvait seule en assurer le succès, voici la déclaration que je desirai qui fut faite par eux et qui a été la base d'une parfaite union et d'un accord que rien n'a pu détruire :

« Quoique les républicains qui unissent ici leurs signatures,
» ne se connoissent pas tous personnellement, ils croyent néan-
» moins, d'après les renseignemens qu'ils ont pris les uns sur
» les autres, pouvoir déclarer que, sous les rapports des mœurs
» et de la vie privée, comme sous les rapports du patriotisme
» et de la vie politique, ils s'estiment et s'inspirent une confiance
» mutuelle qui doit rendre leur concours plus utile au bien de la
» patrie, qui les indentifie par une responsabilité solidaire, dont
» le premier qui pourrait faire repentir les autres, serait puni
» par la perte de leur estime ».

Je m'occupais aussi avec soin de la formation de l'esprit public et de la consistance à donner au club national, pour que ses séances intéressantes et nombreuses pûssent remplir le véritable but d'une société populaire, et bien instruire le peuple. La réunion décadaire des citoyens de la commune dans le temple à l'Être suprême étoit une occasion saisie par moi pour rallier toujours les esprits autour des principes et de la Convention nationale. Jamais je n'ai parlé des hommes, mais seulement de la patrie ; jamais je n'ai prêché que l'exécution des loix, l'amour et le respect de la représentation nationale et le dévoûment le plus absolu à la république une et indivisible.

A 2

Des fêtes solemnelles donnaient de grands élans à l'Esprit public et rendaient la révolution plus aimable aux yeux du peuple ; des représentations gratuites de pièces républicaines le formaient aussi à l'amour de la liberté et à la connoissance des devoirs et des droits du citoyen. L'Égalité présidait aux fêtes et aux réunions du peuple. J'y répétais souvent, lorsque des voix bassement adulatrices faisaient entendre le cri de *vive un homme*, que ce cri ne devait s'adresser qu'à la république et à la Convention nationale, jamais à un seul individu.

Je n'ai jamais voulu dans aucune assemblée publique offrir l'exemple dangereux de dénonciations particulières qui tendaient a éveiller les haines et les divisions, mais je me suis attaché à poursuivre avec force les intrigans et les fripons dont la trace étoit par-tout reconnue, quoiqu'on ne pût encore les désigner nominativement, puisque de grandes dilapidations avaient eu lieu et qu'on en recherchait les auteurs.

Le fanatisme assez facilement détruit dans une grande commune, conservait son empire dans les petites communes circonvoisines, et se refugiait sous le toît du pauvre, ignorant et crédule.

J'invitai les bons citoyens à faire, chaque Décadi, des promenades civiques dans les campagnes pour y prévenir ou éteindre les troubles suscités par les prêtres. Plusieurs dénonciations m'avaient été faites sur les progrès nouveaux de la superstition dans le département du Bec-d'Ambès ; je crus devoir insister sur la nécessité d'employer seulement les voies persuasives de la douceur envers les laboureurs ignorans, et l'arme puissante. du ridicule contre les charlatans imposteurs, pour ramener la crédulité des uns, et démasquer l'hypocrisie des autres.

La Convention nationale avait reconnu, par un décret solemnel, l'Etre-Suprême et l'immortalité de l'ame. Je ne pouvais que parler dans le sens des décrets, mais je montrai que l'Athéisme ne devait être envisagé que sous le rapport national et politique; et que, du reste, chaque opinion particulière était libre. Tels ont toujours été mes principes.

J'avais pris des renseignemens détaillés sur chacun des membres de la commission militaire. Je vous les transmis et m'empressai de satisfaire ainsi à votre arrêté du vingt - neuf Floréal.

J'étais chargé par vous de presser et surveiller l'exécution des loix révolutionnaires. Je visitai la municipalité pour l'inviter à leur donner une grande activité, et sur-tout à ne pas livrer à un entier oubli celle du *maximum*. Je n'entre pas ici dans les détails d'une foule de réclamations particulières, qui occupaient beaucoup d'instans de ma journée. Toujours accessible à tout le monde, je m'efforçais de compenser par une grande modestie de ma vie privée et publique, le pouvoir, tout limité qu'il était, dont vous aviez revêtu ma jeunesse.

Je devais m'occuper aussi des objets relatifs à l'instruction publique. Je visitais les divers établissemens, bibliothèques, écoles, et je tâchais de rendre mes visites utiles, et de faire des observations qui pûssent tourner au bien particulier de la commune de Bordeaux, et au bien général de la République.

Dans les fêtes publiques, je crus utile de proposer des mariages dotés par la commune, de citoyens pauvres et patriotes. Cette institution épanouit encore les cœurs, embellit les fêtes en leur donnant un but moral et utile, et je mis en action le principe qui étoit dans mon cœur, *que les vertus paisibles devoient concourir autant que les mesures révolutionnaires, à bien affermir la liberté.*

Les subsistances étoient un objet trop important pour ne pas m'en occuper. Informé des besoins de la commune, j'en écrivis au comité et à votre collègue Lindet, en particulier; il fit une réponse qui offrit au peuple de Bordeaux de bien douces espérances qui ne furent pas trompées, et les citoyens voyant qu'ils fixaient les regards paternels des représentans du peuple, conçurent pour eux un plus vif amour et une plus tendre reconnoissance.

J'encourageais le commerce et la marine, je pressais la fabrication du salpêtre, et je ne croyais devoir négliger rien de ce qui intéressait le bien de la patrie, et la destruction de ses infâmes ennemis. J'appelais la vengeance nationale sur les vils esclaves de Georges et de Pitt, et une émulation généreuse embrâsait tous les cœurs. On brûlait de voler sur les rivages Anglais ; on brûlait d'y effacer le crime étranger au peuple de Bordeaux, d'une époque bien malheureuse pour cette commune, où de lâches scélérats avaient parlé de se livrer à l'Angleterre.

J'avais eu quelques soupçons de la retraite, peu éloignée de Bordeaux, des conspirateurs mis hors de la Loi, et j'envoyai les républicains *Laye* et *Oré*, pour les rechercher et les poursuivre. Le 29 plairial, j'appris la capture de *Salles* et *Guadet*, qu'on avait découvert dans l'endroit que j'avais indiqué. Le 2 messidor, on m'apprit l'arrestation de *Barbaroux*, et le 8 du même mois, je sus que *Pétion* et *Buzot*, s'étaient donné la mort. Je vous transmis successivement ces heureuses nouvelles, et deux de vos Lettres m'en témoignent votre satisfaction ; un arrêté particulier, du 7 Messidor, approuve ma conduite.

Cependant le juste supplice de *Guadet*, *Salles* et *Barbaroux*, qui fut couvert des applaudissemens unanimes du peuple, révolutionna encore Bordeaux, et cette époque se trouva coïncider avec l'arrivée d'un courrier extraordinaire, venu de Brest, qui annonçait la rentrée de notre flotte victorieuse, et l'arrivée du convoi des États-Unis, avec huit prises importantes : vous peindre la joie du peuple, serait au-dessus de mes forces. Je vis dans cette joie énergique et touchante, la preuve d'un excellent germe d'esprit public, dont il ne fallait qu'achever le développement.

Le rapport sur l'éducation républicaine, fut reçu avec transport ; et les six jeunes gens, du district de Bordeaux, envoyés à l'école de Mars, offrirent au peuple une bien chère espérance, et firent naître le désir, dans tous les Enfans de la patrie, de mériter aussi d'être choisis pour aller croître, et se former sous les yeux et les auspices de la Convention Nationale.

Vos collègues, Romme, Garrau et Monestier, de la Lozère, qui m'ont vu, dans ces circonstances, à Bordeaux, peuvent vous dire quels étaient mes efforts pour y opérer le bien, et quelle était sur mon compte l'opinion des patriotes.

Je me félicitais d'autant plus de la découverte des cinq députés conspirateurs, qu'ils ne s'étaient retirés, sur les bords de la Gironde, que pour attendre l'occasion favorable d'y soulever de nouveaux orages, et venger, comme ils me l'ont dit, leurs amis immolés. Cette première recherche et le succès qui l'avait suivie, encouragea le Comité de surveillance, qui découvrit bientôt plusieurs fédéralites cachés. Ils furent mis à mort ; je ne concourus en rien, à des jugemens que je ne pouvais connaître qu'après qu'ils étaient rendus : et je tâchais seulement de savoir ce qu'en pensait la masse du peuple.

Je reçus alors de vous, Citoyens Représentans, un arrêté du 5 Messidor, et un autre du 7, qui me chargeait de faire arrêter les membres des corps constitués de Saint-Emilion, complices du recèlement des conspirateurs, et d'épurer les autorités constituées dans la commune de Bordeaux. J'écrivis pour l'exécution du premier de ces arrêtés, à l'Agent national du district de Libourne, qui ne perdit pas un instant pour satisfaire à vos ordres, et je me disposai à bien choisir les membres de la municipalité nouvelle, et à conserver tous ceux sur lesquels il n'y aurait aucun soupçon ni aucun blâme.

Je fis partir un citoyen, pour vous remettre, comme vous me l'aviez écrit, les papiers de Guadet et de ses complices, et je poursuivis mes opérations avec le même soin que j'avais apporté à la première qui n'avait pour objet que le Comité de surveillance. Le 21 Messidor, j'installai la nouvelle municipalité, et le 22 au soir, arriva votre collègue, Garnier, que j'avais, jusqu'alors, attendu de jour en jour, espérant pouvoir enfin rejoindre mon poste.

J'allai voir le représentant du peuple, je lui communiquai vos divers arrêtés et mes opérations. Il m'invita à rester pour lui donner sur les localités et les individus, les renseignemens qui lui seraient nécessaires, et j'attendis la première lettre du comité.

Ici cesse ma mission dont je vous ai rendu un compte exact, sans entrer dans les détails minutieux de tout ce que j'ai tâché de faire pour l'Instruction publique dont la partie m'était surtout confiée.

Je reçus encore deux lettres du comité que je transmis à votre collègue Garnier, et ce ne fut que le 13 Thermidor, qu'étant chez lui, je reçus la lettre du comité qui pressait mon retour et me témoignait son contentement de mes opérations ; je la lus à Garnier ; tout était prêt pour mon départ et je m'embarquai le 13 au soir pour gagner Blaye, ignorant alors et bien éloigné de prévoir l'heureuse révolution du 10 Thermidor.

Le 12, en faisant mes adieux au club, le représentant Garnier qui présidait, me dit qu'il m'assurait, et comme président, au nom de la société populaire et de la commune de Bordeaux, et comme représentant, en son propre nom, que j'emportais l'estime et les regrets de ceux qui m'avaient connu. Je partis avec cette douce idée et la persuasion, non moins chère à mon cœur, que le comité qui m'avait écrit était satisfait de ma conduite.

Cependant,

Cependant, arrivé à Paris, où m'avait précédé une dé-
nonciation, faite contre moi dans le sein de la Convention
nationale, je trouve le comité peu disposé à me faire l'accueil
que je croyais mériter.

Ah! vous, les représentans d'une nation fière et sensible,
croyez que mon cœur a vivement senti les reproches qui m'ont
été adressés. J'ai servi la liberté, je n'ai connu qu'elle, je
n'ai chéri qu'elle.... Et je me vois soupçonné d'avoir été l'a-
gent d'un dictateur, d'avoir servi les intérêtsd'un homme, de
m'être enchaîné, en esclave idolâtre, au char d'un individu
puissant. Non: je n'étais point l'agent du tyran mort. Non;
je ne connaissais rien des atroces complots qu'a déjoués votre
courage. J'ai le premier applaudi à votre énergie et je me
suis félicité de n'avoir jamais parlé pour un citoyen, quel qu'il
fût, mais seulement pour les principes et le peuple.

Et, qu'il me soit permis d'établir une comparaison qui me
parait juste: vous qui avez arraché le masque à ce tribun am-
bitieux et qui l'avez précipité de la Roche Tarpéïenne, vous aviez
attendu le moment favorable pour abattre l'idole et relever
la statue de la Liberté. Vous avez, dans un temps, gardé le si-
lence. La Convention et la France paraissaient accorder leur
confiance et leur estime à cet être hypocrite et scélérat. Les
membres de la Convention nationale étaient près de lui,
pouvaient le suivre et l'observer. Ils avaient d'ailleurs ou
devaient avoir une longue expérience des hommes et des cho-
ses. Mais, jeune encore, j'avais à peine connu le tyran;
j'étais à plus de cent lieues de lui. Pouvais-je le pénétrer et
dévoiler ses projets?

Vous me reprochez d'avoir correspondu avec lui : vous dites
que lui seul m'a fait envoyer à Bordeaux, que lui seul a eu
part aux témoignages de satisfaction qui m'ont été donnés......
Mais qu'and je voyais que, membre du comité de Salut Public,
il avait dans la Convention une grande influence, n'était-il pas

B

naturel de correspondre avec lui, comme je l'ai fait avec d'autres membres sur des objets dont ils avaient plus particulièrement la surveillance, de lui transmettre les renseignemens que je croyais utiles, de faire tourner son influence au profit de la chose publique? Je savais que dans la foule immense de lettres adressées au comité, plusieurs pouvaient ne point passer sous ses yeux, et j'écrivais en particulier à Robespierre et quelquefois aussi à vos collègues Lindet et Barrère, pour les prier de soumettre ces lettres au comité. Elles étaient même toujours sous l'envelope du comité, à moins qu'une occasion particulière ne me fût offerte d'écrire; ce qui fut très-rare.

Lui seul, dites-vous, m'a fait envoyer à Bordeaux; l'aurais-je pu croire, quand l'arrêté qui me charge de cette mission était signé par tous les membres? Aurais-je pu croire que lui seul avait part aux témoignages de satisfaction qui m'étaient donnés, quand plusieurs des lettres qui contiennent ces témoignages, ne sont pas mêmes signées de lui, et seulement par tous les autres membres? Alors j'étais étrangement trompé, je l'avoue, mais qui pourroit ne pas tomber dans la même erreur?

Je n'ai jamais écrit à Couthon que je ne connoissais point, je n'ai reçu aucune lettre de Robespierre, et une seulement de Barrère; les autres collectivement du Comité.

Je n'ai pas cru qu'on pût me faire un crime d'écrire en particulier à un membre, quand chaque citoyen était libre de le faire. J'ai, dans cette correspondance même, eu en vue le Comité auquel elle devait être communiquée.

On m'a reproché mon passage à Rochefort; j'étais parti de Bordeaux le 13 Thermidor au soir, ignorant tout ce qui avait eu lieu à Paris. La lettre du comité qui était arrivée le jour même, n'avait rien de très-pressant pour mon retour; je croyais pouvoir, sans allonger de beaucoup ma route, embrasser quelques amis, voir l'état de l'esprit public, et savoir à Niort comment allait la Vendée.

A Rochefort, où l'on a cru que j'avais soulevé les esprits, je les ai tous ralliés autour de la Convention nationale, et j'ai écrit aux Sociétés populaires de Bordeaux, la Rochelle et l'Orient, pour me féliciter avec elles de la chûte du dictateur, et leur recommander les principes sacrés qui sont le point de contact des patriotes.

Si l'on me croyait encore avoir été le partisan de cet homme qui a trompé tant de patriotes, je dirais que j'ai été trompé moi-même; mais que malgré l'illusion que m'avaient faites ses fausses vertus, je n'en craignais pas moins son grand pouvoir, son orgueil, son ton insolent et despotique, et j'avais parlé en secret à quelques patriotes Bordelais de la nécessité où nous serions peut-être de le poignarder. N'avais-je pas alors devancé et même préparé dans quelques ames, la révolution que vous avez faite? J'étais obligé par la politique qui vous enchaînait vous-mêmes, d'attendre le moment où il serait publiquement connu et dévoilé, et jusqu'alors de me taire, et même de paraître son ami, puisqu'il paraissait l'ami de la chose publique.

Je me rappelle que votre collègue Tallien, m'a parlé d'une lettre de moi datée de Bordeaux, du 14 Thermidor. Il est possible que partant le 13 au soir, j'aye daté ma lettre au Comité, du 14, jour auquel elle devait partir. Le fait est que j'ignorais absolument en quittant Bordeaux, ce qui était arrivé. Les patriotes qui m'ont accompagné jusqu'à Blaye, peuvent en rendre témoignage.

Deux autres reproches, bien pénibles pour moi, m'ont été faits. J'ai avili, dit-on, la Représentation nationale, dans un arrêté de votre collègue Garnier, où il dit qu'il ma consulté; je n'ai point fait cet arrêté, je ne l'ai vu qu'imprimé. Garnier, il est vrai, m'avait demandé mon avis. Jusques là je ne suis point coupable.

J'ai toujours parlé, avec respect, de la Représentation nationale et des Représentans du peuple en mission, et de leurs travaux. J'ai pu seulement, dans le particulier, user de la liberté qu'a tout citoyen d'émettre son opinion sur un individu, même représentant du peuple, et sur quelqu'une de ses opérations qui a paru blâmable.

Enfin, citoyens Représentans, on a semblé croire que j'avais fait couler le sang des patriotes, et que, par conséquent, j'avais influencé la commission militaire. Mais je n'ai connu aucun de ses jugemens, qu'après qu'ils ont été rendus; mais je n'ai traduit personne devant elle; mais je vous ai parlé assez défavorablement de quelques-uns de ses membres, sur lesquels je vous devais la vérité toute entière; et, d'après les soupçons violens que m'avait inspiré le président de cette commission, j'ai parlé au représentant Garnier, dès le jour de son arrivée, du dessein que j'avais eu de destituer ce président, nommé Lacombe, en vertu des pouvoirs que vous m'aviez donnés.

Telle est m'a réponse à tout ce qui m'a paru allégué contre moi. Votre justice impartiale me rassure contre les préventions qui pourraient s'élever sur mon compte.

je me suis trouvé, bien jeune encore, appelé à la commission d'Instruction publique. Votre collègue, Barrère, m'apprit ma nomination à Bordeaux, où j'étais loin de m'y attendre, et j'aurais refusé, dans tout autre moment que celui d'une crise révolutionnaire. Je n'ai pu faire de mal dans ce poste où ma mission prolongée ne m'a pas permis de travailler. Je le céderai avec joie à des hommes plus instruits et plus éclairés que moi. Mais je desire vous laisser la conviction qu'ils ne pourront être plus patriotes.

Je me suis prononcé dès le jour de l'aurore de la liberté, dès le 14 Juillet 1789. J'écrivis ces mots sur de petits billets qu'une imprudence inutile répandit avec profusion dans Paris : *C'est peu d'avoir détruit la Bastille, il faut détruire le trône.* Lors du 21 Juin, je demandai la mort du tyran et la République. Long-temps avant le 10 août, j'invoquais par des lettres, qui existent encore, le siège du repaire de nos tyrans, et la chûte de la tyrannie. Au mois de Décembre (vieux style) de la même année, je dénonçai Dumouriez, avec courage, quoique employé dans un état-major, dont le général était l'ami de Dumouriez. Un peu avant je m'étais prononcé contre Brissot, et pour le supplice de l'infâme Louis, dans le département de la Drôme, où je passais pour me rendre à l'armée des Pyrénées Occidentales.

C'est là que j'ai combattu le fédéralisme et la Gironde. C'est là que j'ai vu les poignards m'entourer, une administration de département liberticide me traiter d'ennemi de la patrie, et un de mes amis frappé d'un fer qui m'était destiné. C'est là que j'ai dit aux soldats, qu'on voulait rendre instrumens d'une faction : « Vous appartenez à la patrie et non à quelques hommes ; voyez les tentes Espagnoles où la République et la gloire vous appellent. Laissez à la Convention nationale le soin d'anéantir les ennemis de l'intérieur. » Le représentant du peuple Isabeau, qui combattait aussi les fédéralistes dans ces mêmes contrées, sait quelle y fut ma conduite.

C'est de là que le comité de Salut Public, dont je ne connaissais aucun membre, m'a appelé à Paris, il y a maintenant une année moins deux jours. Je me rends auprès du comité ; je suis envoyé par lui dans le Nord, dans l'Ouest, dans le Sud. Je prêche les principes, je forme l'esprit public ; je suis envoyé par vos collègues auprès d'une des colonnes de l'armée opposée aux brigands. Ma correspondance avec vos collègues atteste que j'ai mérité leur estime, et contribué à repousser de Granville la cohorte royale, par les secours prompts et multipliés que je fesais passer par mer à nos braves républicains. Les sociétés populaires du Hâvre-Marat, de Port-Malo, de l'Orient, de Dinan, de la Rochelle, Rochefort et Bordeaux, sont celles qui dans ma tournée m'ont vu le plus et ont mieux pu m'observer. Celles de Toulouse, de Tarles et de Pau peuvent aussi rendre hommage aux principes que j'ai constamment professés. Par-tout j'ai paru le même, et par-tout j'ai joui de la même récompense, la plus chère à un cœur généreux et sensible, de l'amour et de l'estime de mes semblables.

Représentans du peuple, vous aussi, vous ne pouvez me refuser votre estime. Je viens d'entrer dans le détail de tout ce que j'ai fait, dans la réfutation de tout ce qui a été objecté contre moi.

Vous me jugerez. Si vous consentez à recevoir la démission que je vous ai offerte et que je vous offre dans ce moment par écrit, je vous prie de me faire savoir si je dois, comme démissionnaire, me retirer à vingt lieues de Paris et de la frontière ; ou bien si je puis, après quelques momens d'un repos que trois ans d'un travail non interrompu rendent indispensable, retourner à l'armée d'où vous m'avez tiré l'année dernière, ou à toute autre armée, et me vouer à la cause qui m'est si chère, de la Liberté et de ma patrie. Si même vous avez gardé à mes longues fatigues, je vous prierai de me permettre d'aller passer quelques mois aux eaux de Bagnières, que ma santé bien épuisée et mes yeux malades réclament.

Au retour d'une mission pénible, j'ai eu la douleur de voir le scellé mis sur mes papiers, et de sentir qu'on me soupçonnait. Je n'ai point murmuré ; j'ai fondé mon espoir sur la justice, que vous n'avez pas mise vainement à l'ordre du jour, à la place de la terreur qui avilissait et comprimait les ames. Si vous me croyez suspect encore, et que vous veuilliez me faire arrêter, je ne me plaindrai pas et je conserverai la même espérance.

L'homme ferme et pur ne craint ni les fers, ni la mort. Il est toujours libre et heureux ; son innocence est avec lui. L'échafaud même n'a rien d'horrible pour celui dont la conscience est aussi pure que l'azur brillant des cieux, ou le crystal d'une source lympide. Il ne craint ni le trépas, ni l'opprobre qui suit le supplice, mais l'opprobre seul qui suit le crime. Sa propre estime le dédommage de celle des autres, qui lui sera rendue tôt ou tard. On sait qu'une ame fière et libre ne peut s'abaisser à l'emploi de courtisan, de flatteur ou d'esclave.

J'attends, citoyens Représentans, que vous ayez prononcé sur mon sort pour me conformer à votre décision.

MARC-ANTOINE JULLIEN.

DE L'IMPRIMERIE DE POUGIN, RUE DES PÈRES, N° 9.